Adivina quién tiene modales.

MODALES

ALIKI

Traducción de Concepció Zendrera

EDITORIAL JUVENTUD, BARCELONA

Título de la edición original: MANNERS
© 1990 by Aliki Brandenberg
© de la traducción española:
EDITORIAL JUVENTUD, S. A.
Provença, 101 - 08029 Barcelona
info@editorialjuventud.es
www.editorialjuventud.es
Traducción de Concepción Zendrera
Cuarta edición, 2007
ISBN: 978-84-261-2795-2
Depósito legal: B.53.672-2007
Núm. de edición de E. J.: 11.049
Impreso en España - Printed in Spain
Ediprint, c/ Llobregat, 36 – 08291 Ripollet (Barcelona)

Para mi madre,
Stella Lagakos Liacouras

MODALES

¿QUÉ SON MODALES?

Modales son el modo de comportarse
que tiene la gente.

Son modales la manera de tratar
a los demás.

Con buenos  modales te haces agradable,

y a los demás les gusta estar contigo.

Con buenos modales eres
bien educada.

Eres atento y considerado.

Modales
son palabras y actos que demuestran a los demás que tú les QUIERES

¿POR QUÉ NO LOS TIENEN LOS BEBÉS?

Los bebés no nacen con modales.

No saben decir:

ni _Gracias._ ni _Quiero mi osito._ ni _Tengo sueño._

Los bebés lloran para pedir las cosas porque no saben hablar.

Pero los niños crecen y van aprendiendo.

Aprenden modales de los que les rodean.

¡A NADIE LE GUSTAN LAS RABIETAS!

SALUDOS Y CUMPLIDOS

¿Qué tal? ¿Cómo está?

¡Buenos días, señorita Alicia!

¡Hola!

Pase, por favor.

Haga el favor de sentarse.

¿Quiere beber algo?

Ha sido un placer conocerle. Adiós.

Me ha alegrado mucho volver a verle. Adiós.

¡Adiós! ¡Hasta mañana!

¡que lo pases bien!

jaja

LO QUE SABE HELENA

Por favor,
¿puedo
rebañar
el bol?
¡Prometo
terminarme
la sopa!

Decir "Por favor",
sirve de mucho.

Por eso,
a Helena, quizá
le den también
una galleta.

MODALES, LECCIÓN #1

Tía Bea no tiene por qué saberlo todo

Decir "puf" es de mala educación.

Pero se puede decir en privado...

..., cuando no puedas herir los sentimientos de nadie.

OTRA VEZ ESTÁS INTERRUMPIENDO, LEÓN

PERDÓN, LO SIENTO

MODALES, LECCIÓN # 2

El castillo de arena

Algo me dice que los buenos modales tienen mucho que ver con los sentimientos.

ARREBATAR

No es lo que se hace, sino cómo se hace.

Ahora no lo tiene nadie.

MODALES, LECCIÓN # 3

Demasiado fuerte es demasiado fuerte

MIRA LO QUE HACE DANIEL

¿VERDAD QUE TÚ NO LO HARÍAS?

Toma un pañuelo, Daniel.

DE CÓMO ANTONIO, POR POCO, ESTROPEA LA FIESTA DE JUANA

Antonio nunca saluda.

No tiene modales.

Molesta.

Se burla.

No sabe perder.

Es tramposo.

Muerde.

Pone apodos a la gente.

Come demasiado.

Chismorrea.

Tira la comida.

Es grosero.

Tampoco dice nunca adiós.

Nadie le echa de menos.

Por poco estropea mi fiesta...

... pero no pudo.

CHISMES
Y
CUCHICHEOS

NADIE ES PERFECTO

¡UY, AY, AY...!

Ahí viene Alejandra.
Haz ver que no la ves.

 Malos modales
y malos
sentimientos.

 ¿Alejandra
se irá a su casa
a llorar?

MODALES, LECCIÓN # 4

En la mesa

MODALES, LECCIÓN # 5

Primera Parte: Número equivocado

Segunda Parte: Hablando por teléfono

MODALES, LECCIÓN # 6

Viajando

DEJA QUE TE AYUDE

Carecer de modales
en según qué lugar
puede molestar a los demás
y hacernos sonrojar.

GLUP

No tirar
papeles al suelo,
tampoco.

PERDÓN Y LO SIENTO

MODALES, LECCIÓN # 7

Dormir fuera de casa

Hagamos ver...

¿Qué?

Que tú me has invitado a dormir en tu casa y acabo de llegar.

¡Hola, Cris!

¿Qué, no cenamos?

Eso no es de buena educación.

Estamos jugando, ¿no?

Iba a ofrecerte un refresco.

Juguemos con este juego.

Yo prefiero este otro.

En mi casa siempre hago lo que quiero.

Voy a ayudar a hacer la cena.

Yo, en casa, nunca ayudo.

En mi casa siempre tomamos sopa.

Pero, no estás en tu casa.

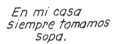

Ya es hora de dormir.

¿Tan temprano? A mí me dejan quedarme levantada toda la noche.

Yo dormiré en la cama, tú duerme en el suelo.

Ja. Me gusta el suelo.

Ja, ja. He sido muy mala, ¿verdad?

Nunca te volveré a invitar.

Ven a dormir a mi casa, pero ahora de verdad.

¡Qué bien! Y las dos podremos dormir en el suelo.

TODOS TE ECHAMOS DE MENOS

Es bonito saberlo.

Y AHORA, UN POCO DE ETIQUETA

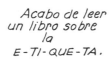
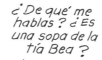
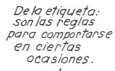

Acabo de leer un libro sobre la E-TI-QUE-TA.

¿De qué me hablas? ¿Es una sopa de la tía Bea?

De la etiqueta: son las reglas para comportarse en ciertas ocasiones.

?

Cómo vestirse, cómo dirigirse a alguien que está en tu mesa. Es saber lo que has de hacer cuando la reina venga a comer a tu casa.

¿Va a venir?

Está todo en el libro, siempre lo estoy leyendo.

¿Por qué?

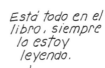

Así seré perfecta.

Yo también quiero ser perfecto, pero todavía no sé leer.

Entonces mírame y aprenderás

Señora...

¡Aún hay caballeros!

USTED PRIMERO

Debes esperar a que la anfitriona empiece.

Ofrece a los demás antes de servirte.

Espera a que todos hayan terminado de comer para sacar la mesa.

Primero deja entrar a los demás.

Habla cuando el otro haya terminado de hablar.

Espera tu turno. Ya te llegará.

USTED PRIMERO significa que piensas en los demás antes que en ti.

GRACIAS OTRA VEZ

Querida abuelita:
Gracias por tu
maravilloso gorro. No pasaré
frío durante el invierno.
Te quiero muchísimo. Nos
veremos la
próxima semana.

Elisa

¡Qué bonita!

Una carta es como un libro,
puede ser leída una y otra vez...

DISCARD

 Adivina quién tiene modales.